Actuaciones frente al acoso sexual y por razón de sexo. CTRI0017

Alicia Jiménez García

ic editorial

Actuaciones frente al acoso sexual y por razón de sexo. CTRI0017
© Alicia Jiménez García

1ª Edición

© IC Editorial, 2025

Editado por: IC Editorial
c/ Cueva de Viera, 2, Local 3
Centro Negocios CADI
29200 Antequera (Málaga)
Teléfono: 952 70 60 04
Fax: 952 84 55 03
Correo electrónico: iceditorial@iceditorial.com
Internet: www.iceditorial.com

ISBN: 978-84-1184-544-1
Depósito Legal: MA 53-2025

Impresión: PODiPrint
Impreso en Andalucía – España

Nota de la editorial: IC Editorial pertenece a Innovación y Cualificación S. L.

Especialidad formativa

Se entiende por especialidad formativa la agrupación de contenidos, competencias profesionales y especificaciones técnicas que responde a un conjunto de actividades de trabajo enmarcadas en una fase del proceso de producción y con funciones afines.

Las especialidades formativas de Uso General, Formación Complementaria, Formación Modular y las especialidades formativas dirigidas a la obtención de certificados de profesionalidad se incluyen en el Fichero de Especialidades del Servicio Público de Empleo Estatal para su gestión en todo el territorio nacional por cualquier Administración competente.

Las especialidades complementarias, pertenecen todas a la Familia profesional de Formación Complementaria (FCO) y tienen la consideración de formación transversal en áreas que se consideran prioritarias tanto en el marco de la Estrategia Europea para el Empleo y del Sistema Nacional de Empleo como en las directrices establecidas por la Unión Europea. Se consideran áreas prioritarias las relativas a tecnologías de la información y la comunicación, la prevención de riesgos laborales, la sensibilización en medio ambiente, la promoción de la igualdad, la orientación profesional y aquellas otras que se establezcan por la Administración competente.

Las especialidades de Certificado de profesionalidad tienen una duración especificada en su normativa reguladora.

En el resultado de la búsqueda, se muestran las unidades de competencia, todos los módulos formativos con su duración y las unidades formativas del certificado correspondiente, con su duración. Las horas del certificado, exclusivo de las especialidades de certificado de profesionalidad, con alta igual o superior a 2008, son las horas totales más las horas del módulo de Prácticas Profesionales no Laborales.

- ⮑ **Si la especialidad tiene unidades formativas,** las horas totales, presencial, distancia, teleformación serán igual a la suma de esas horas de las unidades formativas de los distintos módulos, sin que se repita ninguna Unidad formativa.

○ **Si la especialidad no tiene unidades formativas,** las horas totales, presencial, distancia, teleformación serán igual a las sumas de esas horas de los módulos formativos, eliminando las horas de los módulos repetidos.

https://sede.sepe.gob.es/especialidadesformativas/RXBuscadorEFRED/BusquedaEspecialidades.do

(Fuente: Servicio Público de Empleo Estatal)

Índice

OBJETIVOS GENERALES

Los objetivos generales de **Actuaciones frente al acoso sexual y por razón de sexo. CTRI0017** son:

- Analizar los instrumentos y herramientas existentes para la prevención y el abordaje del acoso sexual en las empresas.
- Conocer los términos básicos relacionados con las situaciones de acoso en el trabajo.
- Analizar la legislación internacional, europea y nacional que trata el acoso sexual y el acoso por razón de sexo en el mundo del trabajo.
- Conocer las bases legales del ordenamiento jurídico español en materia de igualdad con implicaciones en las situaciones de acoso laboral.
- Diferenciar los mecanismos de prevención y actuación que implementar en la empresa para solventar y/o eliminar situaciones de acoso sexual y por razón de sexo.

Identificación de la terminología en materia de acoso

Contenido

1. Introducción
2. Igualdad y no discriminación
3. Tipologías y dinámicas de acoso
4. Diferencias entre acoso sexual y por razón de sexo
5. Resumen

Objetivos

El objetivo general de esta Unidad de Aprendizaje es:

→ Conocer los términos básicos relacionados con las situaciones de acoso en el trabajo.

Los objetivos específicos de esta Unidad de Aprendizaje son:

→ Dominar los conceptos necesarios para identificar las situaciones de acoso en el ámbito laboral.

→ Identificar un caso de posible acoso en una determinada situación.

1. Introducción

En el ámbito laboral, algunas conductas de las personas que integran las organizaciones pueden ser susceptibles de ser catalogadas como acoso. De ahí la importancia de conocer los distintos elementos que están relacionados con este concepto. Es un término muy amplio cargado de matices que permite clasificarlo en diversos tipos. Tanto la normativa europea como la legislación nacional desarrollan este concepto que, en los últimos años, ha ganado protagonismo.

Las empresas deben evitar toda situación de acoso sexual o acoso por razón de sexo en el seno de su organización, manteniendo así un clima laboral sano.

Para realizar una primera aproximación al concepto general de acoso, nos basaremos en la situación laboral de Verónica con la incorporación de un nuevo compañero, Humberto.

2. Igualdad y no discriminación

☞ **HILO CONDUCTOR**

Como consecuencia del aumento en la producción, en el departamento de calidad de la empresa textil donde trabaja Verónica se incorpora un nuevo empleado, Humberto. Durante varias semanas, Verónica le explica su función. En la demostración práctica que hace con su compañero para enseñarle cómo debe utilizar los distintos instrumentos del laboratorio, esta ha notado un acercamiento físico y una excesiva atención que le hace sentir incómoda.

Como la relación de esta trabajadora con el resto de sus compañeros y compañeras siempre ha sido cordial, no sabe cómo interpretar esta situación.

La **igualdad,** en un sentido amplio, se refiere al **reconocimiento y el respeto de todas las personas como iguales ante la ley y la sociedad.** Esto implica que todas las personas deben tener las mismas oportunidades y derechos, sin discriminar con base en ningún criterio superficial o inherente. En el ámbito laboral, la igualdad implica que todos los empleados deben recibir un trato justo y equitativo en materia de contratación, remuneración, promoción y acceso a oportunidades formativas.

 EJEMPLO

Un ejemplo clásico de la promoción de la igualdad es la legislación en materia de igualdad salarial, que busca asegurar que hombres y mujeres reciban la misma compensación por realizar trabajos de igual valor. Esta legislación reconoce que, históricamente, las mujeres han enfrentado desigualdades salariales significativas, y busca corregir esta disparidad a través de normas legales.

- -

La igualdad de género es un aspecto crucial en la lucha por la igualdad y la no discriminación. Promover la igualdad de género implica no solo garantizar que mujeres y hombres reciban las mismas oportunidades y trato, sino también trabajar para cambiar las estructuras y prácticas institucionales que perpetúan la desigualdad.

 SABÍAS QUE...

Históricamente, las mujeres han sido uno de los grupos más discriminados y marginados en todos los entornos, incluido el laboral.

- -

Por su parte, la **no discriminación** es el principio que prohíbe cualquier distinción, exclusión, restricción o preferencia que tenga como objetivo o resultado menoscabar o anular el reconocimiento, goce o ejercicio, en condiciones de igualdad, de los derechos humanos y las libertades fundamentales. Existen **diferentes formas de discriminación** que pueden manifestarse tanto de manera directa como indirecta:

Discriminación directa	Discriminación indirecta
- Ocurre cuando una persona recibe un trato menos favorable que otra en una situación similar, basado en una característica protegida. - Ejemplo: rechazar a una candidata para un puesto de trabajo debido a su condición de mujer.	- Se produce cuando una disposición, criterio o práctica que parece neutral afecta negativamente a un grupo protegido de manera desproporcionada. - Ejemplo: la exigencia de una prueba física que no es esencial para el desempeño de un trabajo y que, sin embargo, afecta desproporcionadamente a las mujeres.

 IMPORTANTE

La eliminación de la discriminación por razón de género en el trabajo no se limita a implementar acciones correctivas (como la vista en el ejemplo de la igualdad salarial), incluye también fomentar un ambiente inclusivo en el que todas las identidades de género sean respetadas y valoradas. Un entorno de trabajo inclusivo ayuda a prevenir casos de acoso sexual y fortalece el espíritu de colaboración y respeto entre los empleados.

La Directiva 2006/54/CE de 5 de julio regula que tanto el acoso como el acoso sexual son **contrarios al principio de igualdad** de trato entre hombres y mujeres, y son considerados hechos constitutivos de discriminación (directa o indirecta) por razón de sexo. El concepto de discriminación incluye, además de estas situaciones, las siguientes:

> Tratar de forma menos favorable a una persona por rechazar la situación de acoso o por la sumisión al mismo.

> Ordenar la discriminación de personas por razón de sexo.

> Tratar de forma menos favorable a una mujer por su situación de embarazo o el permiso por nacimiento de menor.

 **PARA SABER MÁS**

El principio de igualdad de trato entre hombres y mujeres está recogido en nuestro ordenamiento jurídico, en el art. 3 de la Ley Orgánica 3/2007, de 22 de marzo. Puedes consultarlo en el siguiente enlace:

https://redirectoronline.com/sscg027po0101

La directiva europea define el término **acoso** como:

La situación en que se produce un comportamiento no deseado relacionado con el sexo de una persona con el propósito o el efecto de atentar contra la dignidad de la persona y de crear un entorno intimidatorio, hostil, degradante, humillante u ofensivo.

El elemento común entre las distintas situaciones de acoso que se pueden dar es la creación de un entorno intimidatorio hacia la víctima.

NOTA

También se considera acto de discriminación por razón de sexo el condicionamiento de un derecho o de una expectativa a la aceptación de una situación constitutiva de acoso sexual o de acoso por razón de sexo.

- -

3. Tipologías y dinámicas de acoso

HILO CONDUCTOR

El comportamiento de Humberto hacia Verónica en la empresa ha cambiado. Los comentarios sexuales realizados días atrás han sido sustituidos por comentarios verbales denigrantes sobre su capacidad para realizar el trabajo.

¿Ante qué tipo de acoso se está enfrentando ahora Verónica?

- -

3.1. Tipologías

Como ya se ha indicado, en el entorno laboral se pueden producir situaciones y acciones que pueden calificarse como acoso, tipificándolas entre acoso sexual y acoso por razón de sexo.

Aunque no se considera una clasificación en sí, a continuación se citan algunas de las **conductas más frecuentes** en el supuesto de **acoso sexual,** diferenciándolas por verbales, no verbales o físicas:

⊃ Verbales:

- ◔ Hacer comentarios sexuales obscenos.
- ◔ Difundir bulos de la vida sexual de otra persona.
- ◔ Preguntar o describir las preferencias y habilidades sexuales.
- ◔ Hacer comentarios inapropiados para vejar a la persona por su condición sexual.

ↁ Invitar o presionar para tener encuentros sexuales.
ↁ Pedir favores sexuales a cambio de mejoras, promoción o mantenimiento del puesto de trabajo (acoso de intercambio).

⮞ No verbales:

ↁ Utilizar imágenes de contenido sexual.
ↁ Realizar gestos obscenos o groseros.
ↁ Enviar comunicaciones ofensivas de contenido sexual.
ↁ Ejercer acciones no verbales inapropiadas para humillar a la persona por su condición sexual.

⮞ De tipo físico:

ↁ Tener contacto físico intencionado, como pellizcar, tocar, masajear...
ↁ Realizar un acercamiento físico de forma excesiva o innecesaria.
ↁ Conseguir estar a solas con la persona de forma innecesaria.
ↁ Tocar los órganos sexuales, de forma directa o indirecta.

En lo que respecta a las **conductas que son susceptibles de considerarse como acoso por razón de sexo,** se pueden citar las siguientes, aunque existen muchas más:

⮞ Tener conductas discriminatorias solo por ser la otra persona mujer u hombre.
⮞ Realizar bromas o comentarios cuando la persona realiza tareas que, de forma habitual, las llevan a cabo personas del otro sexo.
⮞ Asignar trabajos inferiores a las capacidades profesionales o competencias de la persona.
⮞ Realizar evaluaciones injustas o con menosprecio según el sexo de la persona o de su condición sexual.
⮞ Ejercer sobre la mujer trato desfavorable por estar embarazada o en periodo de cuidado del menor.
⮞ Llevar a cabo conductas impropias con la intención de restringir o limitar materias relacionadas con las condiciones de trabajo.
⮞ Etc.

El acoso sexual y el acoso por razón de sexo pueden darse tanto en las mujeres como en los hombres.

Además de las situaciones que se incluyen en las dos categorías anteriores, existen **otros tipos de acoso** en el entorno laboral:

Acoso moral o mobbing	- Es la conducta agresiva que se produce en el entorno laboral y que persigue el sometimiento emocional y psicológico de la otra persona, con el fin de anular su capacidad profesional, promoción o permanencia en su trabajo.
Ciberacoso laboral	- Es la intimidación hacia una persona en el ámbito laboral que sucede a través de medios virtuales (móvil, correo electrónico, intranet, etc.).

 **APLICACIÓN PRÁCTICA**

En la empresa MM se han dado las siguientes situaciones entre la plantilla. Relaciona cada una con el tipo de acoso que le corresponde.

a. Liliana es una trabajadora de aspecto grueso y, por este motivo, sus compañeros suelen hacerle bromas groseras.

Continúa en página siguiente >>

<< Viene de página anterior

b. Un trabajador recibe mensajes obscenos de su jefa a través del correo electrónico de la empresa.

c. En un centro de estética ha empezado a trabajar un chico. Aunque realiza su tarea igual que el resto de empleadas, una de ellas hace valoraciones injustas, ya que considera que no es un trabajo para hombres.

d. Una empleada recibe por parte de su superior constantes comentarios humillantes sobre su trabajo, lo que le ha ocasionado crisis de ansiedad habituales.

1. Acoso por razón de sexo.
2. Acoso sexual.
3. Ciberacoso laboral.
4. *Mobbing*.

Solución

a. Acoso sexual. Las bromas groseras tienen connotaciones sexuales.
b. Ciberacoso laboral. Existe intimidación hacia el trabajador a través de medios virtuales.
c. Acoso por razón de sexo. Los comentarios injustos son por ser hombre.
d. *Mobbing.* Los comentarios sobre el trabajo le están afectando psicológicamente a la trabajadora.

3.2. Dinámicas del acoso

Comprender las dinámicas del acoso sexual y por razón de sexo nos posibilita identificar mejor sus formas más insidiosas y plantear acciones preventivas más efectivas. Las dinámicas no solo se relacionan con los aspectos organizacionales y estructuras de poder, sino que también dependen profundamente de normas culturales y percepciones individuales sobre el género y las relaciones interpersonales. Así, se pueden distinguir entre:

Disparidad de poder	- Los casos de acoso suelen ocurrir en contextos donde hay un claro desequilibrio de poder entre el acosador y la víctima, donde a menudo, el acosador tiene una posición de autoridad sobre la víctima, lo que facilita el mantenimiento y la perpetuación de comportamientos de acoso.

Continúa en página siguiente >>

<< Viene de página anterior

Normalización del comportamiento	- En ciertos contextos, las conductas que implican acoso pueden haber sido toleradas e incluso aceptadas durante un largo periodo. Esta normalización hace que las conductas ofensivas se perpetúen por la falta de acciones correctivas, el silencio de testigos y la revictimización de quien se atreve a denunciar.
Cultura organizacional	- La cultura de una organización puede influir considerablemente en la tolerancia y frecuencia de incidentes de acoso. Entornos que carecen de políticas claras, sensibilización sobre el tema o sistemas de apoyo para las víctimas, tienden a ser más propensos al acoso.
Impacto psicológico y barreras emocionales	- Las víctimas de acoso con frecuencia presentan cuadros de ansiedad, estrés, depresión y pérdida de confianza en sí mismas o en el entorno. Además, las barreras emocionales, como la vergüenza, el miedo al descrédito o las represalias, dificultan la denuncia y la búsqueda de ayuda.
Factores estructurales y normativos	- Factores estructurales, como la falta de representatividad en posiciones de liderazgo o de apoyo sindical, y las brechas normativas relacionadas con las leyes de protección laboral y penal, pueden favorecer la persistencia del acoso. Los entornos permisivos resultan en una resistencia institucional o una respuesta insuficiente ante las denuncias por parte de las personas afectadas.
Interacción social y redes de apoyo	- Las dinámicas de acoso también están influenciadas por la interacción social y las redes de apoyo disponibles, tanto para víctimas como para acosadores. Las redes de apoyo positivas y activas para las víctimas pueden facilitar el proceso de denuncia y recuperación, mientras que las redes que apoyan o encubren a los acosadores perpetúan la existencia del problema.

4. Diferencias entre acoso sexual y por razón de sexo

 **HILO CONDUCTOR**

Verónica ha comprobado que Humberto ha cambiado el acercamiento físico intimidatorio por comentarios verbales de carácter sexual. Ha consultado internet y ha localizado información sobre el acoso sexual y el acoso por razón de sexo, aunque no consigue identificar qué es lo que los diferencia.

El acoso sexual y el acoso por razón de sexo son conductas discriminatorias hacia la mujer que, aunque parezcan una misma situación, tienen sus diferencias. Su conceptualización viene recogida en la directiva europea y en la Ley Orgánica 3/2007, que los define como:

> **Acoso sexual**
> - Es el comportamiento, ya sea verbal, no verbal o físico, de carácter sexual que atenta contra la dignidad de una persona, especialmente si se crea un entorno intimidatorio, hostil, degradante, humillante u ofensivo.

> **Acoso por razón de sexo**
> - Es el comportamiento no deseado y que está relacionado con el sexo de una persona, con la finalidad de atentar contra su dignidad y de crear un entorno intimidatorio, hostil, degradante, humillante u ofensivo.

NOTA

En ambos tipos de acoso, el nivel jerárquico que tengan tanto la persona acosada como la acosadora no es importante; no obstante, dependiendo de la dirección hacia la que se dirija la acción, este puede ser:

- Horizontal: si se produce entre compañeros.
- Vertical: cuando se da desde un mando superior a un subordinado (descendente) o al contrario (ascendente).

Una conducta **se considera acoso sexual** si en ella se incluyen estos elementos:

Forma de actuar indeseada para quien la recibe	Carácter sexual o con connotaciones de esta índole

En cuanto al **acoso por razón de sexo,** para que una conducta sea considerada como tal debe existir repetición y acumulación de conductas humillantes, es decir, las acciones deben ser **continuas y realizadas de forma sistemática.**

IMPORTANTE

El acoso por razón de sexo abarca situaciones laborales discriminatorias mucho más amplias, siendo importante resaltar que no tiene por qué existir intención por parte de la persona agresora.

La principal **diferencia** que existe entre ambas conductas es:

Acoso sexual
- La conducta tiene carácter meramente sexual (por ejemplo, forzar a mantener relaciones sexuales) o con connotaciones sexuales (como bromas ofensivas, comentarios groseros o denigrantes sobre la apariencia física, etc.).

Acoso por razón de sexo
- La conducta no tiene carácter sexual, sino que está relacionada con el sexo de quien la recibe. Por ejemplo, comportamientos discriminatorios por ser una mujer, formas ofensivas de dirigirse hacia la persona, ridiculizar y despreciar las capacidades y habilidades laborales de la mujer, humor sexista, etc.

<◎> **EJEMPLO**

Mónica es una trabajadora que se encuentra en las siguientes situaciones en su trabajo:

• En ocasiones su jefe actúa como se muestra en la imagen. Este comportamiento es acoso sexual, ya que existe una situación no deseada, un entorno intimidatorio, tiene carácter sexual y atenta contra la dignidad de Mónica.

• Cuando se quedó embarazada, el jefe y algunos compañeros actuaban como se ve en la imagen. Estos comportamientos son acoso por razón de sexo al existir situaciones discriminatorias y ofensivas hacia Mónica por su estado maternal.

ACTIVIDAD COMPLEMENTARIA

1. Una trabajadora en situación económica precaria, tras su incorporación de la baja maternal, ha solicitado la reducción de jornada por cuidado de menor, siendo esta denegada. Lo ha intentado en varias ocasiones más y en las respuestas negativas recibidas siempre incluyen el despido como posible solución. ¿Se considera acoso esta conducta de la empresa? ¿Cómo se califica?

5. Resumen

La **igualdad** hace referencia al reconocimiento y el respeto de todas las personas como iguales ante la ley y la sociedad, lo que implica igualdad de oportunidades y derechos, y en el ámbito laboral, un trato justo y equitativo en materias relacionadas con el trabajo (contratación, remuneración, promoción y formación). De forma paralela, el **principio de no discriminación** prohíbe cualquier distinción, exclusión, restricción o preferencia que perjudique el ejercicio de los derechos humanos y las libertades fundamentales. Se distingue entre discriminación directa e indirecta.

El **acoso,** en general, es contrario al principio de igualdad de trato entre hombres y mujeres, y es considerado un **hecho discriminatorio.** El acoso está conceptualizado en la Directiva 2006/54/CE de 5 de julio y se distingue entre:

> **Acoso sexual:** comportamiento sexual que atenta contra la dignidad de la persona

> **Acoso por razón de sexo:** comportamiento indeseado según el sexo de la persona para atentar contra su dignidad

Para que una conducta pueda ser considerada acoso sexual, tiene que ser no deseada y tener carácter sexual; en el caso del acoso por razón de sexo, deben ser conductas continuas y realizadas de forma sistemática. Su principal diferencia es que, en el primer tipo, la conducta debe ser de carácter sexual y en el segundo ha de estar relacionada con el sexo de la persona acosada.

A través de la identificación de las **dinámicas de acoso** sexual y por razón de sexo se hace posible el planteamiento de acciones preventivas efectivas. Entre las dinámicas están:

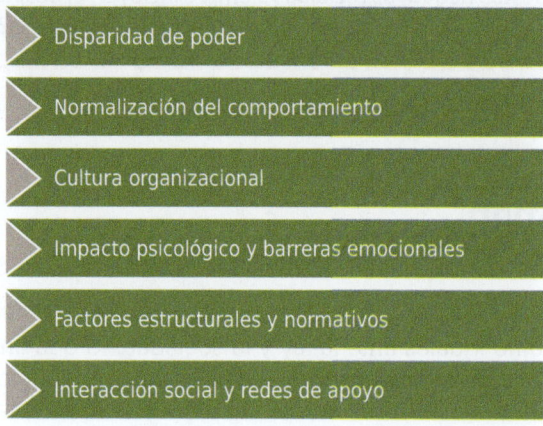

Disparidad de poder

Normalización del comportamiento

Cultura organizacional

Impacto psicológico y barreras emocionales

Factores estructurales y normativos

Interacción social y redes de apoyo

Las conductas más frecuentes en estos tipos de acoso son:

Acoso sexual	Acoso por razón de sexo
- Verbal (comentarios obscenos, bulos, invitaciones a encuentros sexuales, pedir favores sexuales a cambio de mejoras, etc.). - No verbal (imágenes de contenido sexual, gestos groseros, etc.). - De tipo físico (acercamiento excesivo, tocar, pellizcar, etc.).	- Conductas discriminatorias por ser mujer u hombre. - Asignar trabajos inferiores a la capacidad de la persona. - Hacer evaluaciones injustas por el sexo de la persona o por su condición sexual. - Trato desfavorable por embarazo. - Etc.

En el entorno laboral también se puede dar *mobbing* (conducta agresiva para someter emocionalmente a la otra persona y anular su capacidad profesional) y ciberacoso (intimidación laboral por medios virtuales).

Ejercicios de autoevaluación
Unidad de Aprendizaje 1

1. Determina si la siguiente afirmación es verdadera o falsa: "El condicionamiento de un derecho a la aceptación de una situación constitutiva de acoso sexual no se considera acto de discriminación por razón de sexo".

   - Verdadero
   - Falso

2. El comportamiento indeseado relacionado con el sexo de una persona para atentar contra su dignidad y crear un entorno ofensivo es:

   a. Acoso por razón de sexo.
   b. Acoso sexual.
   c. *Mobbing.*
   d. Ciberacoso.

3. ¿Cuáles de las siguientes opciones son conductas frecuentes del acoso sexual?

   a. Pedir favores sexuales a cambio de mejoras en el trabajo.
   b. Asignar trabajos inferiores a las capacidades profesionales de la persona.
   c. Realizar gestos obscenos.
   d. Masajear a la otra persona de forma malintencionada.

4. Determina si la siguiente afirmación es verdadera o falsa: "Las conductas discriminatorias solo por ser la otra persona una mujer o un hombre es un tipo de acoso".

   - Verdadero
   - Falso

5. El acoso moral se denomina también...

   a. ... ciberacoso.
   b. ... acoso psíquico.

c. ... *mobbing.*
d. ... de intercambio.

6. Tanto el acoso sexual como el acoso por razón de sexo, ¿cómo se pueden clasificar? Selecciona todas las opciones correctas.

a. Acoso simple.
b. Acoso horizontal.
c. Acoso vertical.
d. Acoso compuesto.

7. ¿Qué no es una dinámica de acoso?

a. Normalización del comportamiento
b. Factores estructurales y normativos
c. Impacto medioambiental y barreras emocionales
d. Cultura organizacional

Contextualización ante la normativa referente al acoso sexual y por razón de sexo

Contenido

1. Introducción
2. Marco normativo internacional vigente
3. Legislación vigente de la Unión Europea
4. Legislación vigente del Estado Español
5. Resumen

Objetivos

Los objetivos generales de esta Unidad de Aprendizaje son:

→ Analizar la legislación internacional, europea y nacional que trata el acoso sexual y el acoso por razón de sexo en el mundo del trabajo.

→ Conocer las bases legales del ordenamiento jurídico español en materia de igualdad con implicaciones en las situaciones de acoso laboral.

Los objetivos específicos de esta Unidad de Aprendizaje son:

→ Interpretar las normas legales que tratan el acoso sexual y el acoso por razón de sexo en el ámbito laboral para aplicarlas en su prevención, identificación y eliminación.

→ Aplicar la Ley Orgánica 3/2007, de 22 de marzo, para la igualdad efectiva de mujeres y hombres, en los casos de acoso sexual y acoso por razón de sexo.

→ Identificar la normativa nacional, europea e internacional que regula las situaciones de acoso sexual y por razón de sexo en el ámbito laboral.

1. Introducción

El acoso sexual y por razón de sexo representa uno de los mayores desafíos en la búsqueda de sociedades justas e igualitarias. A lo largo de los años, la conciencia en torno a la importancia de erradicar estas conductas se ha intensificado, impulsando una evolución significativa en términos normativos a nivel internacional, europeo y nacional.

Desde 1986, la **Unión Europea** realiza esfuerzos para reconocer el acoso sexual en el trabajo. En ese año instó a los estados miembros a definir, desde el punto de vista jurídico, el término de acoso sexual en el trabajo, así como las medidas para solucionarlo. Al año siguiente, el estudio elaborado por Michael Rubinstein puso de manifiesto la gravedad del problema y sugirió a la Unión la creación de una directiva sobre la protección de la dignidad de la mujer en el trabajo. Aunque esta no llegó a publicarse, en 1990 sí se adoptó una recomendación. Desde ese momento, la Unión Europea ha seguido desarrollando recomendaciones y directivas enfocadas a este problema, consiguiendo grandes logros.

En **España,** la legislación aborda el problema del acoso desde hace bastante tiempo. La Constitución española ya regula una primera aproximación a la igualdad del individuo como derecho fundamental y a partir de 2007 fue cuando, con la publicación de la Ley Orgánica 3/2007, se empieza a trabajar más en relación a la igualdad efectiva entre hombres y mujeres, y a concretar aspectos sobre el acoso sexual en el trabajo.

Para conocer la legislación existente en el marco internacional, europeo y nacional, nos basaremos en la búsqueda de información legal que ha realizado Verónica para abordar su caso.

2. Marco normativo internacional vigente

 HILO CONDUCTOR

Verónica quiere conocer qué acuerdos, normas y políticas están encaminadas a la detección, eliminación y prevención de las situaciones de acoso sexual y acoso por razón de sexo en la empresa y en su entorno. Es una primera aproximación al marco legal implicado.

Ya desde 1992 las instituciones internacionales abordan la problemática del acoso en el trabajo. El Comité para la Eliminación de la Discriminación contra la Mujer (**CEDAW**) de la ONU, en la **Recomendación n.° 19,** configuró de una forma clara el concepto de acoso sexual en el ámbito laboral.

En junio de 2021 entró en vigor el **Convenio contra la Violencia y el Acoso en el Mundo del Trabajo (C190),** aprobado por la **Conferencia Internacional del Trabajo de la OIT,** siendo el primer tratado internacional cuyo objetivo es poner fin a esta lacra. Este, junto a la **Recomendación n.° 206,** dan la primera definición de violencia y acoso en el mundo del trabajo y acoso por razón de sexo. Aunque el convenio solo está ratificado por algunos gobiernos, la OIT, a través de la campaña mundial que ha puesto en marcha, pretende conseguir los máximos apoyos.

Entre los objetivos de la OIT se encuentra la elaboración de programas para promover el trabajo decente de todos, hombres y mujeres.

Tanto el Convenio C190 como la Recomendación R206 de la OIT son las principales normas internacionales que abordan la problemática del acoso en el trabajo. Los puntos claves que las caracterizan son:

Convenio contra la Violencia y el Acoso en el Mundo del Trabajo (C190)	Recomendación n.º 206 sobre la Violencia y el Acoso
- En su articulado se establece una diferenciación conceptual entre violencia y acoso y, violencia y acoso por razón de género. Su ámbito de aplicación son todas las personas trabajadoras y sus empleadores durante el trabajo y en el resultado del mismo. Desarrolla un conjunto de principios fundamentales aplicables a este tipo de situaciones, y propone el desarrollo de medidas de protección, prevención y control, así como políticas dirigidas a la orientación, formación y sensibilización sobre el acoso en el trabajo	- Esta norma se publica como complemento al Convenio sobre la Violencia y el Acoso (C190), y desarrolla y amplía las disposiciones que se incluyen en el mismo

https://redirectoronline.com/sscg027po0302

https://redirectoronline.com/sscg027po0301

La **Convención de Belém do Pará,** adoptada en 1994 por la **Organización de los Estados Americanos (OEA),** es un documento fundacional en el ámbito de las Américas, asumiendo un enfoque integral para combatir y prevenir la violencia contra las mujeres. Insta a los Estados a abordar la violencia de género en todas sus formas, poniendo un énfasis especial en la obligación de los Estados de actuar con diligencia debida para prevenir, investigar y sancionar la violencia contra las mujeres.

En el **contexto europeo,** el Convenio del Consejo de Europa sobre prevención y lucha contra la violencia contra la mujer y la violencia doméstica (también conocido como el **Convenio de Estambul),** que entró en vigor en 2014, proporciona un marco exhaustivo y altamente desarrollado para la **protección contra todas las formas de violencia contra las mujeres.** Este convenio obliga a los Estados miembro a abordar el acoso sexual como una cuestión de derechos humanos y a adoptar medidas tanto preventivas como sancionadoras.

En **Asia,** varios países **han ido adaptando los principios de estos convenios internacionales,** desarrollando normativas que buscan proteger a las mujeres del acoso sexual. A pesar de la variación considerable en los marcos legales nacionales, el compromiso de alinear sus legislaciones en esta materia conforme a los estándares internacionales refleja un avance en la concienciación y la voluntad política de abordar el problema.

NOTA

El marco normativo internacional vigente en materia de acoso sexual se caracteriza por un complicado sistema de convenciones y directrices adoptadas por varias entidades internacionales.

3. Legislación vigente de la Unión Europea

☞ HILO CONDUCTOR

Con la información que Verónica ha encontrado relacionada con el acoso en el trabajo, ha podido confirmar que lo que le está ocurriendo con su compañero Humberto es acoso sexual. Con la normativa europea de referencia va a identificar qué políticas de prevención del acoso se están aplicando y cómo le afectarían a ella en su situación particular, así como los derechos que la amparan.

La Unión Europea (UE) ha desarrollado un marco jurídico sólido para hacer frente al acoso sexual y por razón de sexo, como parte de su compromiso más amplio con la igualdad de género y los derechos humanos. El enfoque holístico del bloque comunitario subraya la necesidad de garantizar un entorno de igualdad y respeto en todos los contextos sociales y laborales.

A continuación, se ofrece una comprensión detallada de la legislación vigente de la UE en este dominio, detallando directivas clave, tratados y acciones complementarias que configuran el marco normativo al que deben atenerse los Estados miembros.

Estas legislaciones no solo son instrumentos jurídicos, sino también herramientas pedagógicas que educan a la sociedad acerca de los derechos, ofreciendo protección y mecanismos para denunciar y sancionar comportamientos inadecuados.

En la Unión Europea, las **directivas y resto de normas legales** establecen obligaciones para los Estados miembros, garantizando un enfoque común que preserve la dignidad de todas las personas en el ámbito laboral y social:

- **Directiva 2004/113/CE.** Su objetivo radica en establecer un marco para combatir la discriminación por razón de género en el acceso a bienes y servicios y en su prestación, con el objetivo de implementar el principio de igualdad de trato entre hombres y mujeres en los Estados miembros.
- **Directiva 2006/54/CE.** También conocida como la Directiva de Igualdad de Género en el Empleo, es uno de los pilares fundamentales del enfoque de la UE hacia la igualdad de género en el ámbito laboral. Propone un marco para asegurar la igualdad de trato entre hombres y mujeres en asuntos de empleo y ocupación, e incluye disposiciones específicas para combatir el acoso sexual y por razón de sexo en el lugar de trabajo.
- **Directiva 2010/41/UE.** En lo concerniente a las personas trabajadoras autónomas, esta directiva refuerza la igualdad de trato entre hombres y mujeres, asegurando que madres emprendedoras reciban protección adecuada contra el acoso y favoreciendo la conciliación entre la vida laboral y familiar.
- **Resolución del Parlamento Europeo, 11 de septiembre de 2018 (2018/2055(INI)).** El apartado Violencia en el lugar de trabajo destaca la necesidad de que los Estados miembros, así como las organizaciones de empleadores y sindicales entiendan los obstáculos a los que se enfrentan las mujeres que denuncian situaciones de acoso sexual en el trabajo para que, tomando esto como punto de partida, creen políticas activas y eficaces de prevención de este tipo de violencia y habiliten un marco legislativo adecuado en esta materia.

- **Resolución del Parlamento Europeo, de 1 de junio de 2023.** Establece que el acoso y la violencia sexual no se define y penaliza uniformemente en toda la Unión lo que provoca desigualdades entre las víctimas de los distintos Estados miembros. Es por ello que se pide a los Estados miembros que establezcan un conjunto completo de normas mínimas, que aborden los persistentes problemas de acoso sexual y psicológico de una forma integral y que tenga en consideración las necesidades específicas de las víctimas de tal tipo de violencia. Asimismo, en la resolución la Unión manifiesta su apoyo integral al movimiento internacional #MeToo.
- **Directiva (UE) 2024/1385.** Considera el acoso sexual y por razón de sexo como una forma de violencia contra las mujeres y en sus disposiciones recoge normas para prevenirlo y combatirlo. Define los delitos y las sanciones pertinentes, delimita los derechos de las víctimas en los procesos penales y con posterioridad, y establece las normas mínimas sobre la protección y el apoyo a las víctimas, la prevención y la intervención temprana.

Estas directivas se ven reforzadas desde el origen por la **Carta de los Derechos Fundamentales de la Unión Europea** donde se consagra en su artículo 23 la igualdad entre hombres y mujeres y en su artículo 21 se prohíbe expresamente la discriminación basada en el sexo, como parte de su marco antidiscriminatorio más amplio.

 **RECUERDA**

La adhesión de la UE al Convenio de Estambul refuerza su compromiso en la lucha contra la violencia de género, que aunque este tratado es del Consejo de Europa, la UE ha adoptado muchas de sus disposiciones, incluyendo medidas específicas para abordar el acoso sexual.

Para que las directivas europeas sean efectivas, **los Estados miembros deben transponerlas a su legislación nacional.** Este proceso no es un simple ejercicio formal; implica adaptar las políticas, regulaciones y normativas de acuerdo con las particularidades sociales, económicas y culturales de cada país. La Comisión Europea supervisa este proceso, asegurando que los Estados miembros cumplan con sus obligaciones legislativas de manera efectiva. Además, la **UE fomenta la cooperación transfronteriza,** promoviendo el intercambio de mejores prácticas y la armonización de políticas frente al acoso.

Muchos países de la UE han ido más allá de los requisitos de las directivas comunitarias, introduciendo legislaciones innovadoras que ofrecen protección adicional a las víctimas de acoso.

 EJEMPLO

Destacan los enfoques de "tolerancia cero" en algunos países nórdicos y los programas de concienciación en campañas a nivel nacional.

La tecnología y la naturaleza cambiante del trabajo han generado nuevos desafíos para enfrentar el acoso. El auge del teletrabajo y las plataformas digitales, impulsados especialmente por las necesidades surgidas durante la pandemia de COVID-19, han requerido una adaptación acelerada de las normativas laborales.

La UE está explorando cómo sus políticas y regulaciones pueden ampliarse para abordar formas de acoso que ocurren en entornos digitales. **El ciberacoso y los escenarios *online*** representan territorios nuevos que exigen una vigilancia continua y la adaptación de las normativas para proteger a las personas trabajadoras y a la ciudadanía en espacios digitales.

 PARA SABER MÁS

Como parte de un esfuerzo continuo, la Estrategia de Igualdad de Género 2020-2025 de la UE busca intensificar la lucha contra el acoso sexual y por razón de sexo incorporando políticas que impulsan el avance hacia una mayor igualdad y que promueven iniciativas que combatan el acoso desde la raíz. Si quieres conocer la estrategia, accede a su enlace aquí:

Continúa en página siguiente >>

<< Viene de página anterior

https://redirectoronline.com/ctri00170201

El cumplimiento adecuado de la normativa no solo depende de la existencia de leyes, sino de su implementación efectiva y los mecanismos de apoyo disponibles para las víctimas. La Agencia Europea de Derechos Fundamentales (FRA) juega un rol crucial, proporcionando datos y asesoramiento a los Estados miembros sobre mejores prácticas para prevenir y abordar el acoso sexual y por razón de sexo:

Acción judicial y administrativa
- Las víctimas de acoso tienen a su disposición recursos judiciales y administrativos para buscar reparación. Los tribunales nacionales han implementado directrices para abordar casos de acoso de forma justa y equitativa, y algunos Estados ofrecen defensores del pueblo y comisiones de igualdad que ayudan en la resolución de disputas.

Apoyo psicológico y servicios de asesoramiento
- Los Estados miembros también están obligados a proporcionar servicios de apoyo a las víctimas que incluyen asesoría legal, apoyo psicológico e intervenciones de mediación. La Unión Europea fomenta la igualdad de acceso a estos recursos para garantizar que las víctimas puedan perseguir sus derechos sin enfrentar barreras económicas o sociales.

4. Legislación vigente del Estado Español

☞ HILO CONDUCTOR

La conducta de Humberto hacia Verónica no ha cambiado y toma la decisión de hablar con el agente de igualdad de la empresa. Aunque no sabe si puede ayudarla, está segura de que, como conoce la normativa relacionada con la igualdad, la podrá asesorar correctamente.

El agente de igualdad informa a Verónica que la Ley Orgánica 3/2007 indica lo que se considera acoso sexual y acoso por razón de sexo. Además, esta norma incluye como contenido mínimo del plan de igualdad de la empresa un apartado dedicado a la prevención en estas situaciones.

En el contexto de la lucha contra el acoso sexual y por razón de sexo, la legislación vigente en España constituye un marco clave para regular las conductas, proteger a las víctimas y sancionar a los infractores. Dicha legislación se asienta en una serie de ordenamientos con un objetivo claro, la erradicación de estas formas de violencia y discriminación. Entre las normativas principales que regulan este ámbito, proporcionando una visión integral del **marco legal actual nacional** están:

Constitución Española
- Art. 9, promoción de la igualdad del individuo y art. 14, derechos y libertades.

Código Penal
- Art. 184, del acoso sexual.

Ley para la igualdad efectiva de mujeres y hombres (LO 3/2007, 22 marzo)
- Art. 7, acoso sexual y acoso por razón de sexo; art. 48, medidas específicas para prevenir el acoso en el trabajo; art. 62, protocolo de actuación; DF 6.ª. Implantación de las medidas preventivas en las AA. PP.

Estatuto de los Trabajadores
- Art. 4, derechos laborales y art. 54, despido disciplinario.

Continúa en página siguiente >>

<< Viene de página anterior

Real Decreto por el que se regulan los planes de igualdad y su registro (R. D. 901/2020, 13 octubre)
- Art. 12, depósito de medidas y protocolos para prevenir el acoso sexual y por razón de sexo; y anexo, apartado 7 prevención del acoso sexual y por razón de sexo.

Ley integral para la igualdad de trato y la no discriminación (Ley 15/2022, 12 julio)
- Art. 6, definición de acoso discriminatorio y art. 27, atribuciones de responsabilidad y reparación del daño.

Ley para la igualdad real y efectiva de las personas trans y para la garantía de los derechos de las personas LGTBI (Ley 4/2023, 28 febrero)
- Art. 15. Medidas de igualdad y no discriminación LGTBI en las empresas.

Real Decreto por el que se desarrolla el conjunto planificado de las medidas para la igualdad y no discriminación de las personas LGTBI en las empresas (Real Decreto 1026/2024, 8 octubre)
- Anexo II. Protocolo de actuación frente al acoso y la violencia contra las personas LGTBI.

IMPORTANTE

Aunque centrada principalmente en la violencia de género, la Ley Orgánica 1/2004 de 28 de diciembre de medidas de protección integral contra la violencia de género, incluye disposiciones relevantes que refuerzan la protección contra el acoso sexual y por razón de sexo, reconociendo el derecho a la integridad física y moral y a una vida libre de violencia sexista.

APLICACIÓN PRÁCTICA

Una empresa ha comunicado a su agente de prevención de riesgos laborales el acoso de una supervisora a un empleado por la forma de

Continúa en página siguiente >>

<< Viene de página anterior

realizar su trabajo. El agente lo ha identificado como acoso por razón de sexo. Informa a la empresa que en su plan de igualdad no se incluye el protocolo de prevención de estas situaciones. ¿Qué normativa consultará el agente para la elaboración de este protocolo?

Solución

El protocolo de prevención del acoso sexual y por razón de sexo que se incluye en los planes de igualdad de las empresas está regulado en el Real Decreto 901/2020, de 13 de octubre, en el apartado 7 del anexo. El agente puede consultar esta norma e incluir en el plan de igualdad de la empresa, el protocolo que le falta.

Con las normas legales que se aprueban en materia de igualdad, los poderes públicos persiguen, entre otros objetivos, guiar a las organizaciones en la aplicación de medidas, protocolos y actuaciones encaminadas a la eliminación de las situaciones de acoso en el entorno laboral.

En lo relativo al **acoso sexual y al acoso por razón de sexo, como manifestaciones de discriminación hacia la mujer,** la Ley Orgánica 3/2007 delimita y concreta lo que se entiende por cada comportamiento en su artículo 7.

 **RECUERDA**

El artículo 7 de la Ley Orgánica 3/2007 dice:

- *Acoso sexual es cualquier comportamiento, verbal o físico, de naturaleza sexual que tenga el propósito o produzca el efecto de atentar contra la dignidad de una persona, en particular cuando se crea un entorno intimidatorio, degradante u ofensivo.*
- *Acoso por razón de sexo es cualquier comportamiento realizado en función del sexo de una persona, con el propósito o el efecto de atentar contra su dignidad y de crear un entorno intimidatorio, degradante u ofensivo.*

Según estas definiciones, tanto el acoso sexual como el acoso por razón de sexo tienen como consecuencia la aparición del **chantaje sexual** y del **acoso ambiental.** Si se trasladan estos al ámbito laboral, se entiende que:

Chantaje sexual	- Se produce cuando las decisiones tomadas respecto al empleo o a las condiciones de trabajo dependen de conductas o comportamientos inapropiados y tienen consecuencias negativas para la persona acosada.
Acoso ambiental	- Hace referencia al clima laboral discriminatorio, hostil o humillante que se crea en el entorno de trabajo de la víctima.

 EJEMPLO

El acoso sexual en el entorno laboral sigue existiendo hoy en día, por lo que queda trabajo por hacer. Puedes acceder al siguiente enlace para ver una noticia sobre cinco sentencias de acoso sexual en el trabajo que te pueden servir de ejemplos demostrativos de estas situaciones:

https://redirectoronline.com/sscg027po0401

 APLICACIÓN PRÁCTICA

Pedro, jefe de sala del restaurante INK, hace una entrevista a Isabella para ocupar un puesto de 2.ª jefa de sala. En primer lugar, Pedro le pregunta si tiene pareja, antes de interesarse por su formación, idio-

Continúa en página siguiente >>

<< *Viene de página anterior*

mas, experiencia, etc. Al final de la entrevista, Pedro le indica que, como tiene buen físico, si está dispuesta a recortar unos centímetros el largo de su uniforme para estar más atractiva, el trabajo es suyo. ¿Qué ha ocurrido durante la entrevista?

Solución

La situación que vive Isabella en la entrevista de trabajo atenta contra su dignidad, además de ser humillante solo por el hecho de ser mujer. En primer lugar, le pregunta por su estado civil, lo que se considera un acto discriminatorio. En segundo lugar, se produce un chantaje sexual, ya que la condición impuesta por Pedro para obtener el puesto de trabajo es recortar el largo de su falda para estar más atractiva.

Cuando existe una situación de acoso, ya sea en la empresa privada o en organizaciones públicas, la Ley de igualdad (Ley Orgánica 3/2007) presenta un conjunto de **normas aplicables** para conseguir actuar de la forma más favorable posible con las víctimas:

Las conductas de acoso se consideran actos discriminatorios tanto para las mujeres como para los hombres.

En los juicios que se derivan de estas situaciones, solo están legitimadas las personas acosadas.

Los poderes públicos tienen que establecer medidas para la erradicación de todas las formas de acoso sexual y por razón de sexo existentes.

Las AA. PP. en el desarrollo de las actuaciones competentes en materia de protección, promoción y mejora de la salud laboral, deben tener en cuenta las situaciones de acoso.

En la empresa, el diagnóstico negociado previo al plan de igualdad debe incluir medidas para la prevención del acoso sexual y por razón de sexo.

Las empresas están obligadas a aplicar medidas específicas para la prevención de estas conductas en el seno de su actividad.

NOTA

Según la Ley de igualdad, las administraciones públicas en el ámbito de sus competencias tienen que establecer medidas efectivas de protección frente al acoso sexual y al acoso por razón de sexo, además de los protocolos de actuación pertinentes.

TAREA 1

A Mónica le presentan dos situaciones calificadas como acoso y tiene que clasificarlas según el artículo 7 de la ley de igualdad.

- Paula trabaja como mecánica en un taller y su jefe solo hace decirle lo bien que lo haría si fuera un chico. Como consecuencia, Paula ha bajado su rendimiento al sentirse menospreciada y su jefe ha tomado la decisión de despedirla por este motivo.
- Teresa es una joven profesora de yoga que comienza a trabajar en un gimnasio. Desde el primer momento un grupo de compañeros le hacen comentarios con connotaciones sexuales graves, referidos a su buen aspecto físico. Es tal el comportamiento de estos que llegan a intimidarla y a conseguir que traslade su malestar a las alumnas y alumnos de sus clases.

Teniendo en cuenta la definición que hace la ley de igualdad sobre los dos tipos principales de acoso, identifica cada situación y justifica tu respuesta.

---

5. Resumen

El marco normativo internacional relacionado con el acoso sexual y por razón de sexo en el trabajo es muy amplio, destacando la Recomendación n.º 19 de la CEDAW y el Convenio contra la violencia y el acoso en el mundo del trabajo (C190) de la OIT. Conjuga además tratados europeos y convenios o acuerdos adoptados por países asiáticos y americanos, como la Convención de Belém do Pará (Organización de los Estados Americanos

OEA), el Convenio de Estambul o las normas desarrolladas en Asia en concordancia con convenios internacionales.

Las normas europeas que establecen obligaciones para los Estados miembros en materia de acoso se materializan con carácter general en directivas, destacando las siguientes:

- Directiva 2004/113/CE
- Directiva 2006/54/CE
- Directiva 2010/41/UE
- Resolución del Parlamento Europeo, de 11 de septiembre de 2018, (2018/2055(INI))
- Resolución del Parlamento Europeo, de 1 de junio de 2023
- Directiva (UE) 2024/1385

Estas directivas han de sufrir un proceso de transposición al ordenamiento jurídico de cada Estado miembro para su aplicación efectiva a nivel nacional. Europa atiende también las demandas legales en materia de acoso que se derivan de nuevos entornos laborales, tales como el ciberacoso y los escenarios online.

Para cumplir las normas no es suficiente la existencia de legislación acorde, sino de la disponibilidad de mecanismos adecuados para su implementación y apoyo a las víctimas.

En España el marco legislativo relacionado con el acoso sexual y por razón de sexo en el ámbito laboral es:

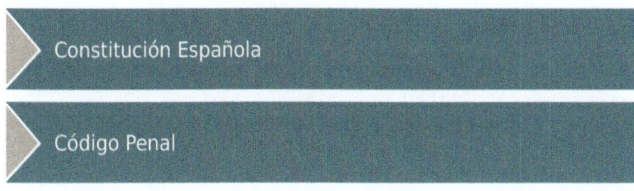

- Constitución Española
- Código Penal

Continúa en página siguiente >>

<< Viene de página anterior

Ley para la igualdad efectiva de mujeres y hombres
(LO 3/2007, 22 marzo)

Estatuto de los Trabajadores

Real Decreto por el que se regulan los planes de igualdad y
su registro (R. D. 901/2020, 13 octubre)

Ley integral para la igualdad de trato y la no discriminación
(Ley 15/2022, 12 julio)

Ley para la igualdad real y efectiva de las personas trans
y para la garantía de los derechos de las personas LGTBI
(Ley 4/2023, 28 febrero)

Real Decreto por el que se desarrolla el conjunto
planificado de las medidas para la igualdad y no
discriminación de las personas LGTBI en las empresas
(Real Decreto 1026/2024, 8 octubre)

Sin embargo, la que tiene mayor protagonismo en este tipo de situaciones es la Ley Orgánica 3/2007, de 22 de marzo, para la igualdad efectiva de mujeres y hombres. Se define claramente lo que es acoso sexual y acoso por razón de sexo, permitiendo conocer las consecuencias de tales actos (chantaje sexual y acoso ambiental) y las normas aplicables en el entorno laboral.

Ejercicios de autoevaluación
Unidad de Aprendizaje 2

1. **¿Cuáles son las normas internacionales que ofrecen la primera definición de acoso en el mundo del trabajo y acoso por razón de sexo?**

   a. Convenio contra la Violencia y el Acoso en el Mundo del Trabajo (C190).
   b. Recomendación n.° 206 sobre la Violencia y el Acoso.
   c. Resolución de la ONU n.° 19 sobre la violencia contra la mujer.
   d. Resolución de la CEDAW sobre violencia machista laboral.

2. **¿Qué norma europea es conocida como la Directiva de Igualdad de Género en el Empleo?**

   a. Resolución del Parlamento Europeo 2018/2055 INI
   b. Directiva 2006/54/CE
   c. Directiva 2004/113/CE
   d. Directiva (UE) 2024/1385

3. **Determina si la siguiente afirmación es verdadera o falsa: "La Estrategia de igualdad de Género 2020-2025 de la Unión Europea intensifica la lucha contra el acoso sexual, sin abordar el acoso por razón de sexo".**

   ■ Verdadero
   ■ Falso

4. **Determina si la siguiente afirmación es verdadera o falsa: "La Agencia Europea de Derechos Fundamentales proporciona a los Estados miembros asesoramiento sobre prácticas de prevención de las situaciones de acoso".**

   ■ Verdadero
   ■ Falso

5. ¿Qué normativa reconoce el derecho a una vida libre de violencia sexista?

    a. Estatuto de los trabajadores
    b. Ley de medidas de protección integral contra la violencia de género
    c. Código penal
    d. Real Decreto por el que se regulan los planes de igualdad y su registro

6. ¿Qué normas relativas al acoso sexual y por razón de sexo en el trabajo se incluyen en la Ley de igualdad?

    a. Las conductas de acoso son actos discriminatorios solo para las mujeres.
    b. Las personas acosadas son las únicas legitimadas en los juicios derivados de estos actos.
    c. El diagnóstico negociado previo al plan de igualdad incluirá medidas para prevenir las situaciones de acoso en la empresa.
    d. Los poderes públicos no están obligados a establecer medidas para la eliminación de todas las formas de acoso sexual.

Análisis de la prevención y abordaje del acoso sexual y por razón de sexo desde la empresa

Contenido

Objetivos

El objetivo general de esta Unidad de Aprendizaje es:

→ Diferenciar los mecanismos de prevención y actuación que implementar en la empresa para solventar y/o eliminar situaciones de acoso sexual y por razón de sexo.

Los objetivos específicos de esta Unidad de Aprendizaje son:

→ Analizar el convenio colectivo y los planes de igualdad con el fin de conocer las medidas que incluyen sobre el acoso.

→ Identificar las principales características del protocolo de actuación frente a los casos de acoso sexual y acoso por razón de sexo en el trabajo.

→ Describir el procedimiento de implantación del protocolo de actuación.

→ Diseñar las medidas para prevenir las conductas de acoso sexual y por razón de sexo en la empresa.

1. Introducción

Los empleadores tienen la responsabilidad de garantizar el cumplimiento del derecho que supone para las personas trabajadoras la seguridad y la salud en su puesto de trabajo, siendo la protección frente al acoso uno de sus derechos laborales. El ámbito en el que quedan reflejados la obligación y los derechos es la negociación colectiva mediante los convenios colectivos, además de en los planes de igualdad obligatorios para determinadas empresas.

La prevención y la sensibilización sobre las situaciones de acoso laboral en la empresa, y más concretamente las de carácter sexual y por razón de sexo, son acciones necesarias. Las medidas y las actuaciones para evitarlas están incluidas en los convenios colectivos y en los planes de igualdad aplicados en las empresas. Sin embargo, aunque se incluyan medidas para su tratamiento, es aconsejable que la empresa adopte políticas activas de prevención frente a la violencia de género.

El mantenimiento de un buen ambiente de trabajo pasa por erradicar todo tipo de violencia que se pueda producir en las organizaciones. La aplicación de códigos de conducta, políticas internas y medidas ayudan a la consecución de tal objetivo o a la prevención de estas situaciones. El tratamiento del acoso en el ámbito laboral está muy presente en los planes de igualdad a través de instrumentos como los protocolos de actuación.

El cumplimiento del objetivo de los protocolos de actuación en esta materia se efectúa con la definición de un **procedimiento de prevención y actuación** para atender a las personas trabajadoras que han sido, o creen haber sido, objeto de acoso sexual o por razón de sexo en su ámbito laboral. Y así, a través de dicho procedimiento, se pueda definir claramente el tipo de caso de que se trata para adoptar las medidas más adecuadas.

Para conocer cómo están diseñadas las medidas preventivas frente al acoso sexual y al acoso por razón de sexo incluidas en los convenios colectivos y en los planes de igualdad, y saber en qué consisten los protocolos de actuación, nos basaremos en cómo el agente de igualdad utiliza el convenio y el plan de igualdad como instrumento en el caso de Verónica, y en la actualización del protocolo de actuación de la empresa para adaptarlo a la nueva situación.

2. El papel de la RLPT (Representación Legal de las Personas Trabajadoras): Convenios y planes de igualdad

👉 **HILO CONDUCTOR**

El convenio colectivo actual de la empresa desarrolla apartados sobre las medidas preventivas que tomar para los casos de acoso sexual y acoso por razón de sexo que se puedan producir. Sin embargo, el agente de igualdad ha decidido aplicar el plan de igualdad en el caso de Verónica y ampliar las medidas que contenga con las incluidas en dicho convenio colectivo, todo ello bajo la supervisión de los representantes legales de las personas trabajadoras.

La **negociación colectiva es un derecho fundamental** regulado en el Estatuto de los Trabajadores para cumplir con el mandato que recoge el art. 37 de la Constitución española. Por medio de este proceso, los representantes legales de las personas trabajadoras (RLPT) y los empleadores llegan a acuerdos firmes sobre las mejores condiciones de trabajo para la organización o sector.

La negociación colectiva es un buen instrumento de diálogo social.

Entre las cuestiones que se tratan en la negociación colectiva están los salarios, el tiempo de trabajo, la formación, la seguridad y salud en el trabajo y la **igualdad de trato.** El resultado de tales negociaciones es el **convenio colectivo,** de obligado cumplimiento y aplicación a las empresas o al sector al que le afecte.

La Ley de igualdad (Ley Orgánica 3/2007) recoge la responsabilidad de las empresas de **entablar negociaciones con los RLPT** para definir las medidas preventivas frente al acoso sexual y por razón de sexo en el trabajo.

Con carácter general, los convenios aprobados en nuestro país se limitan a transcribir lo que recoge la normativa de referencia en el ámbito de la igualdad y, en concreto, sobre el acoso en el trabajo. Sin embargo, cada vez son más los convenios que incluyen cláusulas o apartados específicos sobre ello.

 **EJEMPLO**

Consultando algunos de los convenios colectivos aprobados en los últimos años, se puede comprobar que existen cláusulas relacionadas con el acoso sexual y por razón de sexo que necesitan una revisión y otras que son correctas.

Un ejemplo de cláusula correcta es: "La Empresa asegurará que los trabajadores que consideren que han sido objeto de acoso, los que planteen una queja en materia de acoso o los que presten asistencia en cualquier proceso, por ejemplo, facilitando información o interviniendo en calidad de testigo, no serán objeto de intimidación, persecución o represalias. Cualquier acción en este sentido se considerará como un asunto susceptible de sanción disciplinaria". (Convenio Colectivo de Trabajo del Sector de Comercio Textil, de la provincia de Tarragona, para el año 2018-2021).

En este ejemplo, al incluir la palabra "indeseados" la víctima del acoso debe manifestar su rechazo ante ese comportamiento de carácter sexual; este caso sí que necesita una revisión: "La Cooperativa velará por la consecución de un ambiente adecuado en el trabajo, libre de comportamientos indeseados de carácter o connotación sexual o de cualquier otro tipo, y adoptará las medidas oportunas al efecto cuando tenga o pueda tener conocimiento de estas, incluidas aquéllas de carácter sancionador [...]". (Convenio Colectivo de Consum, Sociedad Cooperativa Valenciana, para el año 2021-2026).

Algunas de las medidas que incluir como **contenido de los convenios colectivos** y que ayudan a eliminar el acoso en la empresa son:

A. Declaración de principios de la empresa contra el acoso en el trabajo y todas sus formas.

B. Procedimiento sancionador diferenciado según el tipo de acoso cometido y la gravedad del mismo.

C. Protocolos de actuación frente al acoso sexual y al acoso por razón de sexo.

D. Programa de formación dirigido a todo el personal que incluya nuevos cursos sobre acoso en el entorno laboral.

NOTA

El acoso por razón de sexo no se suele contemplar en los convenios colectivos, y cuando se incluye, solo se hace mención a la definición dada por la normativa.

ACTIVIDAD COMPLEMENTARIA

2. Ana consulta el siguiente convenio colectivo de la industria química, ya que necesita saber si esta norma incluye medidas concretas para prevenir casos de acoso sexual y por razón de sexo en la empresa. En esta actividad deberás analizar el texto y responder a esta cuestión: ¿Tendrá Ana suficiente información sobre las medidas preventivas que podrá aplicar en su empresa?

https://redirectoronline.com/sscg027po0603

Las distintas normas que regulan la igualdad de trato y de oportunidades en la empresa también establecen la obligatoriedad de velar por la salud laboral de los trabajadores. El acoso sexual y el acoso por razón de sexo se contemplan en el **procedimiento de implantación del plan de igualdad** para dar cumplimiento a dicha obligación.

La Ley Orgánica 3/2007 y el Real Decreto 901/2020 incluyen el acoso sexual y por razón de sexo como parte del contenido de los planes de igualdad. Es en la **fase de diagnóstico previo** a su elaboración donde se incluye, entre otras materias, la prevención del acoso sexual y por razón de sexo por primera vez.

 ## PARA SABER MÁS

Uno de los criterios que se deben tener en cuenta en la elaboración del diagnóstico negociado es la prevención del acoso sexual y el acoso por razón de sexo. El apartado 7 del anexo del Real Decreto 901/2020 trata este aspecto. Accede al siguiente enlace para visualizarlo:

https://redirectoronline.com/ctri00170301

El plan de igualdad recoge una **hoja estadística** con dos apartados sobre la prevención del acoso en la empresa:

➲ **Apartado 4.** En este apartado se recogen los datos resultantes del diagnóstico de situación y, entre otros, las materias negociadas y aquellas en las que se han adoptado medidas.
4.4. Indíquese a continuación cuáles de las siguientes materias han sido objeto de negociación en base al resultado del diagnóstico realizado, y en relación con cuáles de ellas se han adoptado medidas en el plan.

Materias	Negociadas	Adopción de medidas
Proceso de selección y contratación		
Clasificación profesional		
Formación		
Formación profesional		
Tiempo de trabajo / Medidas de conciliación		
Ejercicio corresponsable de los derechos de conciliación de la vida personal, familiar y laboral		
Infrarrepresentación femenina		
Retribuciones		
Prevención del acoso sexual		
Prevención del acoso por razón de sexo		
Salud laboral desde una perspectiva de género		
Violencia de género		
Otras (especificar)		
Otras (especificar)		

● **Apartado 5.** En este apartado, y como parte del contenido del plan de igualdad, se incluye un punto específico:

5.7. Prevención del acoso sexual o por razón de sexo:

5.7.1. ¿El plan incluye un protocolo de actuación en materia de acoso en el trabajo? SÍ/NO.

En caso afirmativo:

a) Tipos de acoso contemplados expresamente en el protocolo:

– Acoso sexual. SÍ/NO.

– Acoso por razón de género. SÍ/NO.

b) ¿Garantiza el procedimiento establecido en el protocolo la intimidad, confidencialidad y dignidad de las personas afectadas por el acoso? SÍ/NO.

c) ¿Se crea un órgano paritario para tratar los casos de acoso contemplados? SÍ/NO.

d) ¿Se prevé asesoramiento o apoyo profesional psicológico y/o médico a las víctimas de acoso? SÍ/NO.

 **EJEMPLO**

El plan de igualdad de la empresa española Cementos Cruz incluye un apartado sobre las medidas preventivas frente al acoso sexual y por razón de sexo. Puedes acceder al siguiente enlace para visualizarlo:

https://redirectoronline.com/sscg027po0601

3. Protocolos de actuación y acciones positivas

 **HILO CONDUCTOR**

El plan de igualdad de la empresa de Verónica cuenta con un protocolo de actuación frente a las situaciones de acoso sexual y acoso por razón de sexo. Como hasta el momento no se había dado ningún caso, su contenido es muy básico y necesita una ampliación para adaptarlo a las nuevas situaciones que están surgiendo.

3.1. Características y contenido del protocolo de actuación

El **protocolo de actuación frente al acoso** se puede definir como el conjunto de acciones que se aplican en la empresa, encaminadas a proteger la salud laboral de las personas trabajadoras frente a situaciones de acoso sexual y por razón de sexo, además de cualquier otra situación discriminatoria que pueda calificarse como tal. Puede estar definido de forma aislada o bien formar parte del plan de igualdad o del convenio colectivo.

Las principales **características** de este protocolo de actuación son:

Objetivo	- Prevenir y eliminar las situaciones que se puedan producir en las empresas susceptibles de ser calificadas como acoso sexual, acoso por razón de sexo u otros actos discriminatorios definidos como tales.
Ámbito de aplicación	- La definición del ámbito de aplicación se realiza en el proceso de creación del protocolo, o bien si este está incluido en el convenio colectivo o en el plan de igualdad, en los ámbitos de aplicación recogidos en ambos.
Vigencia	- La vigencia como tal tiene carácter indefinido, ya que la obligación de disponer de un protocolo de actuación frente al acoso es para siempre. No obstante, el protocolo se revisará o actualizará cada cierto tiempo, por lo que ese plazo sí se establece en su negociación.

IMPORTANTE

En el proceso de negociación del plan de igualdad se trata el procedimiento de actuación frente al acoso sexual y por razón de sexo, según el art. 46 de la Ley de igualdad y el art. 7 del Real Decreto 901/2020.

SABÍAS QUE...

Las organizaciones sindicales, en colaboración con la Administración, han publicado en los últimos años diversas guías para la elaboración del protocolo de prevención y actuación frente al acoso sexual. Accede al siguiente enlace para ver una muestra de ello:

Continúa en página siguiente >>

<< Viene de página anterior

https://redirectoronline.com/sscg027po0701

Una estructura básica del **contenido** del protocolo de actuación es la que se presenta a continuación, ya que los apartados que lo forman dependerán de las características propias del ámbito en el cual se vaya a aplicar:

Objeto y ámbito de aplicación
- Finalidad del protocolo y personas destinatarias del mismo.

Principios rectores
- Principios por los que se rige el protocolo, tales como confidencialidad, prohibición a represalias, protección de la dignidad, seguridad jurídica, celeridad, etc.

Definiciones y conductas
- Conceptualización de los términos principales (acoso sexual y acoso por razón de sexo) y listado de las conductas más frecuentes.

Unidades o departamentos competentes
- Órganos encargados del procedimiento.

Medidas preventivas
- Medidas relativas a la sensibilización, formación específica, comunicación y divulgación del protocolo, etc.

Procedimiento de actuación
- Etapas con las que cuenta el procedimiento.

Control, seguimiento y evaluación
- Proceso de supervisión y valoración del resultado del proceso.

VÍDEO

La ONCE cuenta con un protocolo de actuación para saber cómo se debe enfrentar el acoso sexual en su ámbito de trabajo. Accede al siguiente enlace para ver un vídeo ilustrativo:

https://redirectoronline.com/sscg027po0702

EJEMPLO

Las distintas administraciones de nuestro país cuentan con protocolos de actuación frente al acoso sexual, el acoso por razón de sexo y otras situaciones discriminatorias similares en el ámbito laboral. A continuación, se muestran varios ejemplos de estos protocolos, que puedes consultar accediendo a su enlace:

Protocolo de prevención y actuación de la Administración de la Junta de Andalucía

https://redirectoronline.com/sscg027po0703

Continúa en página siguiente >>

<< Viene de página anterior

Protocolo de actuación en las Fuerzas Armadas

https://redirectoronline.com/sscg027po0704

Protocolo de actuación en la Agencia Española de Protección de Datos

https://redirectoronline.com/sscg027po0705

3.2. Elaboración e implantación del protocolo de actuación

La normativa española establece que las empresas están obligadas a tomar medidas para garantizar la igualdad de trato en el trabajo e impedir conductas sexistas; de ahí la **obligación de contar con un protocolo de actuación** frente al acoso en el trabajo, en general, y de forma específica, frente al acoso sexual y por razón de sexo.

En la elaboración del protocolo la empresa debe tener en cuenta estas cuestiones:

Requiere de un proceso de negociación	Debe disponer de recursos humanos adecuados	Su registro o depósito es voluntario

 **PARA SABER MÁS**

Cuando la empresa decide registrar el protocolo de actuación, tiene disponible el Registro de Acuerdos y Convenios Colectivos, y Planes de Igualdad (REGCON), que tiene entre sus trámites la opción de registro de los planes de igualdad en los que se pueden incorporar los protocolos de actuación. Accede al enlace de este servicio para ver su página web:

https://redirectoronline.com/sscg027po0706

En la **implantación del protocolo de actuación** frente al acoso pasa por realizar las siguientes acciones:

- **Designar un comité de prevención.** Este órgano es designado por acuerdo entre el comité de empresa y de la dirección, y sus miembros pertenecen al departamento de recursos humanos o del de prevención de riesgos laborales. Su función es definir el conjunto de medidas preventivas y solucionar los problemas que puedan surgir al respecto. Es común que este órgano tenga su propio reglamento interno.
- **Crear normas internas y medidas preventivas.** Las normas que define el comité deben estar encaminadas a erradicar los casos de acoso sexual y por razón de sexo en la empresa. El convenio colectivo que sea de aplicación puede servir como base para la elaboración de estas normas internas. La aplicación de estas medidas y la información a las personas trabajadoras y a los RLPT se realiza según el plazo de tiempo establecido por el comité.
- **Elaborar un procedimiento de denuncias.** Los medios para denunciar los casos de acoso sexual y por razón de sexo en el trabajo son definidos por el comité de prevención. Existen dos vías principales: el procedimiento formal y el procedimiento informal.
- **Definir las sanciones aplicables.** Las sanciones que se definen, por lo general, son de carácter disciplinario y su aplicación se realiza según la gravedad de la situación producida en la empresa. Algunas de estas san-

ciones están definidas en el Estatuto de los Trabajadores: suspensión de empleo y sueldo (arts. 20, 45 y 58); despido disciplinario (art. 54); traslado forzoso, movilidad funcional o inhabilitación temporal para promocionar (art. 39). Otras, como el cambio de turno de trabajo, dependen del tipo de actividad de la empresa.

➲ **Determinar los mecanismos de difusión y divulgación.** El protocolo de prevención debe ser publicado en el mayor número de canales de información posibles. De ahí la definición de diversos mecanismos para la prevención y eliminación de las situaciones de acoso sexual y por razón de sexo en el ámbito laboral, ya que cuantos más trabajadores, trabajadoras, proveedores, etc., lo firmen, más extensiva se hará la información que contiene. Algunos medios pueden ser: la intranet de la empresa, la web corporativa, los dosieres con las normas internas para los nuevos integrantes de la empresa, las condiciones de compra de los proveedores, etc.

Para que la implantación del protocolo sea **eficaz,** el comité de prevención determinará qué formación es necesaria.

 SABÍAS QUE...

Todo el personal de la Administración General del Estado tiene disponible desde marzo de 2024 su propio protocolo de actuación frente al acoso sexual y al acoso por razón de sexo. Accede a la siguiente noticia sobre su publicación:

https://redirectoronline.com/ctri00170302

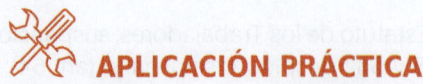 **APLICACIÓN PRÁCTICA**

Joaquín trabaja como mecánico en uno de los talleres más grandes de Madrid. Desde el día en que su pareja, Luis, fue a visitarlo al taller sus compañeros lo insultan, ya que piensan que él no puede hacer bien su trabajo por su condición sexual. El gerente del negocio ha decidido implantar un protocolo de actuación frente al acoso sexual y por razón de sexo, ya que Joaquín le ha informado de su situación. ¿Qué necesita el gerente para crear e implantar el protocolo?

Solución

La creación e implantación de un protocolo de actuación frente a las situaciones de acoso requiere la formación de un comité de prevención que defina las normas internas y medidas preventivas aplicables en las situaciones de acoso producidas. Además, hay que elaborar un proceso de denuncias para conocer los casos existentes, determinar las sanciones que serán aplicadas y establecer las distintas formas para que el protocolo se conozca a nivel de la empresa y de todos los demás interlocutores que intervienen con ella.

3.3. Medidas de acción positivas

Un instrumento eficaz para combatir las situaciones de acoso sexual y por razón de sexo en el ámbito de las organizaciones es la **creación e implantación de medidas** dirigidas a la erradicación de cualquier forma de discriminación. Las distintas normas legales que tratan estas medidas son:

- ⊃ Directiva 2006/54/CE del Parlamento Europeo y del Consejo, de 5 de julio de 2006. Art. 26. Prevención de la discriminación y en particular las situaciones de acoso y acoso sexual en el trabajo.
- ⊃ Directiva (UE) 2024/1385 del Parlamento Europeo y del Consejo, de 14 de mayo de 2024. Art. 28. Apoyo especializado para las víctimas de acoso sexual en el trabajo.
- ⊃ Ley Orgánica 3/2007, de 22 de marzo. Art. 48. Medidas específicas para prevenir el acoso sexual y el acoso por razón de sexo en el trabajo.
- ⊃ Real Decreto 1615/2009, de 29 de octubre. Art. 10.2.h. Evaluación de la implantación de medidas para prevenir el acoso en el procedimiento de obtención del distintivo de igualdad en la empresa.

- Real Decreto 901/2020, de 13 de octubre. Art. 12. Depósito voluntario de las medidas preventivas frente al acoso.
- Ley 4/2023, de 28 de febrero. Art. 14 y 15. Medidas en el ámbito laboral para las personas LGTBI.
- Real Decreto 1026/2024, de 8 de octubre. Articulado en general. Medidas para la igualdad y no discriminación de las personas LGTBI en las empresas.
- Notas técnicas de prevención. NTP 507 Acoso sexual en el trabajo, NTP 891 Procedimiento de solución autónoma de los conflictos de violencia laboral (I) y NTP 892 Procedimiento de solución autónoma de los conflictos de violencia laboral (II).

IMPORTANTE

En la normativa nacional de referencia para la creación del plan de igualdad se regula la obligatoriedad de las empresas en la aplicación de medidas preventivas para los casos de acoso sexual y acoso por razón de sexo, sin distinguir tamaño ni forma jurídica.

Para tomar conciencia frente al acoso sexual y al acoso por razón de sexo en el ámbito laboral, las organizaciones adoptarán las siguientes **estrategias de responsabilidad empresarial** como acciones positivas a aplicar:

> Promover las relaciones respetuosas entre los miembros de la organización.

> Aplicar medidas no solo a los métodos y estilos de gestión empresarial, sino tambien a las actitudes y comportamientos de las personas trabajadoras.

> Impulsar condiciones de trabajo adecuadas para evitar situaciones de acoso.

> No tolerar en el seno de la organización los comportamientos y conductas que dan lugar a situaciones de acoso.

> Apoyar y adquirir un compromiso empresarial para la resolución diligente de los casos de acoso.

IMPORTANTE

Los RLPT juegan un papel relevante en la prevención del acoso en el trabajo, al contribuir en la sensibilización de las personas trabajadoras y al poner en conocimiento de la empresa aquellas conductas y comportamientos de los cuales tengan conocimiento y puedan ser susceptibles de convertirse en acoso.

- -

Entre las **medidas de prevención** que pueden adoptar las empresas para evitar el acoso sexual y el acoso por razón de sexo en el trabajo, están:

Suministrar información relevante para la prevención.	Realizar campañas de sensibilización.	Organizar acciones formativas.
Elaborar y difundir códigos de buenas prácticas.	Proporcionar recursos para instrumentar procedimientos específicos de prevención.	Crear vías para que las personas acosadas puedan interponer las denuncias o reclamaciones pertinentes.
	Crear protocolos como medios de definir, implementar y comunicar la política empresarial frente al acoso.	

VÍDEO

El Instituto Andaluz de la Mujer (IAM) lanzó esta campaña de sensibilización contra el acoso laboral junto con un manifiesto al que las organizaciones podían adherirse. Accede a su enlace y visualízalo, te resultará interesante:

Continúa en página siguiente >>

<< Viene de página anterior

https://redirectoronline.com/ctri00170303

 TAREA 2

Jorge es un joven empresario que tiene en plantilla a cuatro hombres y dos mujeres. Una amiga le ha contado que en su empresa hay un compañero que la está acosando con comentarios salidos de tono y con miradas y expresiones obscenas. Ella lo ha puesto en conocimiento de sus jefes y estos han iniciado una serie de medidas para eliminar su situación y prevenir que no vuelva a ocurrir.

Si Jorge quiere crear e implantar en su empresa medidas preventivas frente al acoso sexual en el trabajo, ¿qué puede hacer?

---

4. Resumen

La **negociación colectiva** es un derecho fundamental de todos los trabajadores y trabajadoras y entre sus objetivos está conseguir las mejores condiciones de trabajo mediante los acuerdos adoptados entre empleadores y RLPT, dando como resultado el **convenio colectivo** de aplicación obligatoria. Las medidas preventivas frente al acoso sexual y por razón de sexo que incluye tratan sobre la declaración de principios, el procedimiento sancionador, el protocolo de actuación y los programas de formación.

La empresa debe velar por la salud laboral de los trabajadores, y en cumplimiento a esta obligación, los **planes de igualdad** integran medidas y actuaciones frente a las situaciones de acoso. Estas medidas se encuentran recogidas en dos apartados del plan de igualdad.

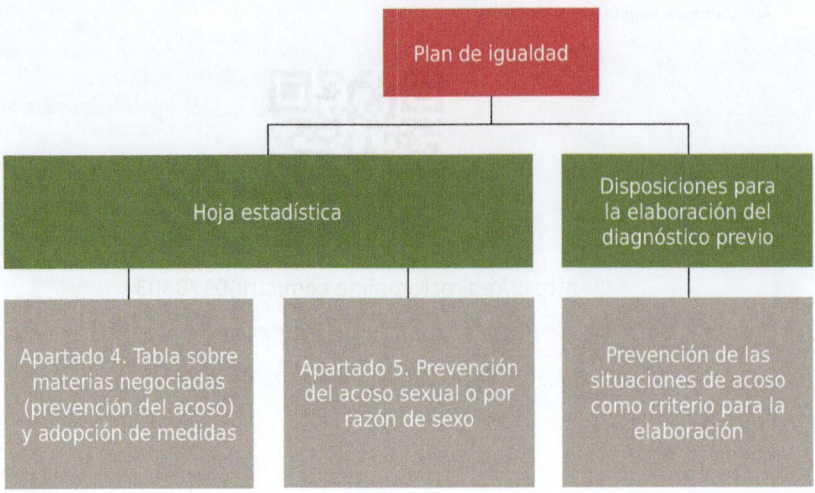

El **protocolo de actuación** frente al acoso sexual y por razón de sexo es el conjunto de acciones que protegen la salud laboral de las personas trabajadoras frente a estas situaciones. Puede elaborarse de forma individual o estar integrado en el plan de igualdad o en el convenio colectivo de aplicación. Su objetivo es **prevenir y eliminar las situaciones de acoso en el trabajo,** va dirigido a todas las personas de la organización y su vigencia es indefinida. Aunque existe una estructura básica, su contenido depende de las características del ámbito donde se deba aplicar.

Las normas legales de nuestro país establecen la **obligación de las empresas de contar con un protocolo** de actuación frente al acoso sexual y acoso por razón de sexo. Para su elaboración se requiere un proceso de negociación y recursos humanos adecuados, además de tener en cuenta que su registro es voluntario. Las acciones que se requieren para su implantación en la empresa son:

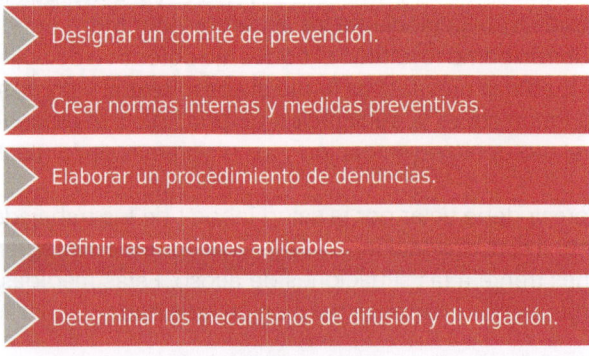

La concienciación frente a las situaciones de acoso que puedan producirse en la empresa se consigue con la aplicación de estrategias de responsabilidad empresarial y su erradicación con medidas preventivas materializadas en campañas de sensibilización, formación específica, códigos de buenas prácticas, políticas activas, etc.

Ejercicios de autoevaluación
Unidad de Aprendizaje 3

1. Determina si la siguiente afirmación es verdadera o falsa: "Los representantes de las personas trabajadoras no contribuyen a la prevención del acoso en la empresa, pero sí al establecimiento de protocolos de actuación".

   ■ Verdadero
   ■ Falso

2. Determina si la siguiente afirmación es verdadera o falsa: "En la fase de diagnóstico previo en la elaboración del plan de igualdad es donde se contempla la prevención del acoso sexual y el acoso por razón de sexo, por primera vez".

   ■ Verdadero
   ■ Falso

3. ¿Cuál es la vigencia de un protocolo de prevención frente al acoso?

   a. 5 años por norma legal
   b. No está definida
   c. Temporal según el tipo de organización
   d. Indefinida, con actualizaciones periódicas

4. ¿Cuáles son las normas legales principales que recogen la prevención del acoso sexual y por razón de sexo como contenido del plan de igualdad?

   a. Real Decreto 901/2020.
   b. Real Decreto Legislativo 8/2015.
   c. Código Civil.
   d. Ley Orgánica 3/2007.

5. ¿Quién designa el comité de prevención del protocolo de actuación?

   a. Los representantes de las personas trabajadoras y los representantes de la empresa.
   b. El departamento de RR. HH.

c. El comité de empresa y la dirección.

d. El departamento de prevención de riesgos laborales.

6. ¿Cuáles son los principios por los que se rige el protocolo?

a. Sensibilización.

b. Celeridad.

c. Seguridad jurídica.

d. Prohibición a represalias.

Glosario

Celeridad
Rapidez en la ejecución de algo.

Cláusula
Cada una de las condiciones que se incluyen en un documento de carácter oficial.

Confidencialidad
Cualidad de confidencial (que se mantiene el secreto de algo).

Connotación
Valor secundario que un término o texto adopta por estar asociado con un significado determinado.

Convenio colectivo
Acuerdo al que llegan en la negociación colectiva en materia laboral los representantes de las personas trabajadoras y la empresa o sus representantes.

Degradante
Que degrada.

Desigual
Que no tiene el mismo valor.

Difusión
Acción de difundir (hacer que algo se propague).

Dignidad
Cualidad de digno (que merece respeto).

Disciplinario
Que sirve para imponer una sanción.

Discriminación directa
Situación en que una persona es tratada por razón de sexo de manera menos favorable que otra en situación comparable.

Discriminación indirecta
Situación en que una disposición neutra sitúa a personas de un sexo determinado en desventaja con respecto a las del otro sexo.

Discriminación
Trato diferente y perjudicial hacia un individuo por razón sexo, ideología, etnia, religión, etc.

Divulgación
Efecto de divulgar (hacer que algo llegue a conocimiento de muchas personas).

Docilidad
Cualidad de la persona dócil (persona que acepta lo que se le encomienda).

Dosier
Conjunto de documentos sobre un asunto concreto.

Estereotipo
Idea aceptada como modelo.

Hostil
Actitud con la que se muestra una postura contraria hacia otra persona.

Humillante
Que humilla.

Implementar
Ejecutar una determinada tarea.

Intimidatorio
Que intimida.

Intranet
Red informática interna de una empresa.

Lacra
Defecto que marca a una sociedad.

Legitimado
Participio del verbo legitimar (Capacitar a alguien para desempeñar un oficio).

Masculinizado
Que cuenta con características consideradas propias de los hombres.

Menosprecio
Desprecio hacia otra persona.

Mito
Conjunto de ideas sobre un hecho que lo convierten en modelo.

Movilidad funcional
Modificación de las tareas de un trabajador o de una trabajadora.

Obsceno
Que es grosero en el ámbito sexual y ofende a la otra persona.

Ofensivo
Que es utilizado para ofender o atacar.

Patriarcal
Del patriarca (hombre que, por su experiencia, ejerce la mayor autoridad en una comunidad).

Plan de igualdad
"conjunto ordenado de medidas, adoptadas después de realizar un diagnóstico de situación, tendentes a alcanzar en la empresa la igualdad de trato y de oportunidades entre mujeres y hombres y a eliminar la discriminación por razón de sexo" (art. 46.1 de la Ley Orgánica 3/2007, de 22 de marzo).

Promocionar
Subir de categoría profesional.

Promover
Iniciar algo con el objetivo de que se realice.

Protocolo
Conjunto de reglas que rigen una actuación concreta.

Ratificar
Aprobar o confirmar algo para darlo por válido.

Represalia
Forma de respuesta como venganza por un hecho ocurrido.

Sancionar
Aplicar una sanción (castigo por el incumplimiento de una norma legal).

Sensibilización
Influencia sobre una persona para que capte la importancia de algo.

Sumisión
Acto por el que una persona se somete a otra.

Tolerar
Permitir algo.

Velar
Cuidar (poner interés en algo).

Bibliografía

Textos electrónicos

→ Instituto de las Mujeres, de: <https://www.inmujeres.gob.es/>

Página web nacional del Instituto de las Mujeres en la que se puede encontrar información muy diversa relacionada con el ámbito de la igualdad en los distintos escenarios donde se puede aplicar.

→ Ministerio de Igualdad, de: <https://www.igualdad.gob.es/>

Página web del Ministerio de Igualdad integrada por enlaces a organismos relacionados con este ámbito, además de noticias, normativas e información institucional.

Legislación

→ Directiva 2006/54/CE del Parlamento Europeo y del Consejo, de 5 de julio de 2006, relativa a la aplicación del principio de igualdad de oportunidades e igualdad de trato entre hombres y mujeres en asuntos de empleo y ocupación (refundición).

Normativa europea que tiene como objeto garantizar la aplicación del principio de igualdad de oportunidades e igualdad de trato entre hombres y mujeres en el ámbito del empleo en general, centrándose, entre otros aspectos, en las condiciones de trabajo relacionadas con la retribución.

→ Ley Orgánica 3/2007, de 22 de marzo, para la igualdad efectiva de mujeres y hombres.

Normativa que regula el derecho de igualdad de trato y de oportunidades entre mujeres y hombres, mediante la eliminación de la discriminación de la mujer en cualquiera de los ámbitos de la vida.

→ Real Decreto Legislativo 2/2015, de 23 de octubre, por el que se aprueba el texto refundido de la Ley del Estatuto de los Trabajadores.

Normativa que regula derechos y obligaciones en el ámbito de las relaciones laborales, tanto para las personas trabajadoras como las organizaciones.

→ Real Decreto 901/2020, de 13 de octubre, por el que se regulan los planes de igualdad y su registro y se modifica el Real Decreto 713/2010, de 28 de mayo, sobre registro y depósito de convenios y acuerdos colectivos de trabajo.

Normativa que tiene por objeto el desarrollo reglamentario de los planes de igualdad y su registro en consonancia con la Ley Orgánica 3/2007.